AF522489

दर्द, पीड़ा, जलन, और बहिष्कार से शुरू हुए,

नये जीवन का सफर

मीना डावर 'मोहिनी'

Invincible Publishers

First published in India in 2018
©2018 Meena Dawar 'Mohini', All Rights Reserved
ISBN: 978-93-87328-34-1

The views and opinions expressed in this book are the author's own and the facts are as reported by her. The publishers are not in any way liable for the same.

No part of this publication may be reproduced or stored in a retrieval system, or transmitted in any form or by any means, electronic, mechanical, photocopying, recording or otherwise, without the prior permission of the publishers.

Invincible Publishers
G-120, Sushant Lok III, Sector 57, Gurgaon-122002

Registered Address: Opposite Kasturba Ashram, Radaur, Haryana – 135133

Printed at Thomson Press (India) LTD

समर्पण

चिरस्थायी प्रेम संदीप डावर जी (सरताज),

सुपुत्र–सुचित डावर, मयंक डावर

आभार

जलता पानी, ज्वलंत विषय, ज्वलंत सवाल, ज्वलंत जवाब किसने किये, क्यों किये, कैसे किये, इन सभी पहलुओं को बेहद संजीदगी और समझदारी से समेटना बेहद ही मुश्किल कार्य रहा, फिर भी जिन बहादुर महिलायों से मेरी मुलाकात हुई, आगरा, लखनऊ में उनके सहयोग द्वारा ये संभव हो सका।

उनका जिन्दगी देखने, सोचने, समझने, और जीने का तरीका समाज के लिए उदाहरण है।

ईश्वर आप सभी को हमेशा आगे बढ़ने की शक्ति दे और समाज में इन्हें, इनके रूप को स्वीकार करने की।

आशा करती हूँ मेरा प्रयास सफल होगा। आभार, इन सभी का आभार मेरे साथ जुड़े हर उस रिश्ते का जो किसी ना किसी रूप में आज तक मेरे साथ जुड़े है। मेरे सरताज संदीप डावर जी मेरे सुपुत्र सूचित डावर, मंयक डावर, मेरी मां, देवकी रानी, हर रिश्ता खुद में बहुत अहम है।

आप सभी से आशा करती हूँ कि आप इस पुस्तक के जरिये इस विषय की गंभीरता को समझ जाएंगे और कोशिश करेंगे, हम सभी की अपने आस–पास होती ऐसी घटनाओं को प्रोत्साहन नहीं देगें।

न्याय के साथ थे, है और रहेंगे।

रब्बा राखा मोहिनी

मीना डावर (एमएसडी)

संपादक की कलम से

जलता पानी, एक प्रयास है, समाज की उस ज्वलंत समस्या को सभी बुद्धिजीवियों, समाज सेवियों यहां तक कि जनमानस के समक्ष लाने का, जिसके बारे में चर्चा करने से पूर्व ही मान लिया जाता है कि कुछ गलती तो उस बहन, बेटी, मां या पत्नी की जरूर रही होगी जो इसका शिकार हुई।

ये प्रयास है, उन महिलाओं की पीड़ा जलन और दर्द का सांझा करने का, जो उन्होने सहा, पल–पल हर पल।

ये प्रयास है, उनके वहिष्कृत और एकाकी जीवन को समाप्त कर के उन्हें फिर से आदर सम्मान, स्नेह भरा जीवन देने का जिसकी वो हकदार है।

ये प्रयास है, नतमस्क होकर उनके संघर्ष, उनके साहस, जीनव के प्रति सकारात्मक सोच और क्षमाशीलता को नमन करने का, और ऐसी अनेक महिलाओं को नमन करने का जिन्होने अपने जीवन में, जलते पानी के दर्द को सहा है उस पीड़ा को भोगा है, अपने सुंदर शरीर और चेहरे को किसी विकृत मानसिकता वाले व्यक्ति की वजह से खो दिया।

परम स्नेह और शुभकामनाओं के साथ

तिवेक वर्मा

लेखिका के विषय में कुछ शब्द

नाम– मीना डावर 'मोहिनी',

दिल्ली में पैदा हुई, बचपन, किशोरावस्था और यौवन भी यहीं बीता, पिता का व्यवसाय था, और लालन–पालन संयुक्त परिवार में हुआ।

विवाह के पश्चात् जीवनसाथी (श्री संदीप डावर) ने इनके इस हुनर को पहचाना, सराहा और बढ़ावा दिया, मातृभाषा, हिन्दी और पंजाबी है, लेकिन हिंदी से शुरू से ही बहुत लगाव रहा, दैनिक बोलचाल के शब्दों के साथ लिखने का सिलसिला जो बचपन में शुरू हुआ वो आज तक जारी है।

किताबों के साथ–साथ, संगीत, समाज सेवा, ज्योतिष शास्त्र में गहन रूचि, इन्हें एक प्रतिभाशाली, संवेदनशील, बहुआयामी, और सर्वप्रिय व्यक्तित्व बनाता है।

विवेक वर्मा

‘जलता पानी’ नाम से ही कुछ बातें बयाँ हो रही हैं। बड़ा ही उमदा विषय हैं। मैं ऐसे विषय पर सिर्फ, शायरी ही नहीं बल्कि पुस्तक लिखना, एक बड़ी चुनौती भरा संकल्प समझता हूँ। मोहिनी जी ने सदियों से चलती आयी इस समस्या को बड़े धैर्य से समझा हैं, और सूझ–बूझ से इसका चयन किया हैं। पीड़ित लड़कियों से मिलकर, उनसे हकीकत को समझकर, उसे कविता की शक्ल में इस विषय को दुनिया के सामने लाने का जो निश्चय किया हैं, मैं उसको प्रणाम करता हूँ।

इस पुस्तक में शायरी द्वारा पीड़ितो की आपबीती बया होने से ना ही सिर्फ, पीड़ितों को राहत मिलेगी, बल्कि समाज को जागरूक होने का अवसर प्राप्त हो सकेगा।

यह एक सराहनीय उपक्रम माना जायेगा, एसे उपक्रम को मैं तहे दिल से स्वागत करता हूँ और मोहिनी जी को शुभकामनायें देता हूँ।

सुनील एम. देशपाण्डेय

औरंगाबाद

श्रीमती मीना डावर 'मोहिनी' लेखिका एवं समाज सेविका जिनको मैं पिछले पॉच वर्षो से जानती हूँ और जिनकी पहली पुस्तक ''सतरंगी मन मोहिनी'' पढ़ने का अवसर मिला।

उन्होने अपनी शायरी द्वारा, जिन्दगी के अनुभव को कलम से उतारा, और इतने कम समय में अपनी मेहनत और काबलियत द्वारा लेखिका एवं समाज सेविका के रूप में अपनी पहचान बना ली। जिसकी बदौलत उनको कई पुरस्कारों से सम्मानित किया गया।

उनकी पुस्तक 'जलता पानी' के लिए मैं उनको बधाई देती हूँ। जिसमें उन्होने खुद सभी पीड़ितो से मिलकर उनके दर्द को महसूस किया, और उस दर्द के अनुभव को समाज तक पहुँचाने तक निर्णय किया।

उनकी पुस्तक 'जलता पानी' के साथ साहित्य की ओर बढ़ते कदम और नये आयामों को छूने पर बधाई देती हूँ।

मीनू टकयार

नई दिल्ली

मोहिनी अर्थात् जैसा कि नाम से ही प्रतीत होता है, सबके मन को प्रेम से मोह लेने वाली।

मोहिनी सचमुच ही सर्वगुण सम्पन्न हैं। मोहिनी जी सभी क्षेत्रों में रूचि रखती हैं। विशेष रूप से सामाजिक एवं सांस्कृतिक कार्यों को इन्होने सदैव ही सफलता पूर्वक सम्पन्न किया है।

मैं मोहिनी को व्यक्तिगत् रूप से काफी समय से जानती हूँ और उनके प्रत्येक क्षेत्र में रूचि और सफलता से प्रभावित और प्रेरित हुयीं हूँ। मोहिनी एक बहुत ही सफल सामाजिक कार्यकर्ता के अलावा एक सफल लेखिका और शायरा भी है। मोहिनी की गुणों की जितनी भी व्याख्या और सराहना की जायें वो शब्दकोश मेरे पास नहीं है, अर्थात् मोहिनी ईश्वर की एक ऐसी रचना हैं। जो समाज में जागरूकता और समाज कल्याण के लिए बनी है। मैं मोहिनी जी के प्रत्येक क्षेत्र की सराहना करती हूँ। यह मेरा सौभाग्य हैं कि मैं मोहिनी के साथ जुड़ी हूँ।

इस बार 'जलता पानी' पुस्तक के द्वारा मोहिनी जी ने एक बहुत ही महत्वपूर्ण सामाजिक एवं प्रज्वलित विषय को चुना है।

'जलता पानी' में मोहिनी ने हमें दुष्ट एवं मानसिक रोगी भेड़ियों द्वारा प्रताड़ित ऐसे पीड़ित महिलाओं की मानसिक, शारीरिक और भावनात्मक पीड़ा से अवगत कराया हैं।

इस पुस्तक में मोहिनी जी ने बहुत सी साहासिक महिलाओं से हमें रूहबरूह करवाया है जो कि असहनीय मानसिक और शारीरिक पीड़ा को झेलने के बाद भी आज आत्मनिर्भर है, और बाकी पीड़ित महिलाओं के लिए प्रेरणा का प्रतीक है।

मुझे आशा है कि मोहिनी जी का यह साहसिक कार्य अवश्य ही उन्हें सफलता देगा। मुझे गर्व कि उन्होने मुझे इस विषय में मुझे कुछ कहने का अवसर प्रदान किया।

मोहिनी जी को और उनकी रचना 'जलता पानी' को मेरी हार्दिक शुभकामनायें।

स्नेह सहित,

रजनी ओबराय

नई दिल्ली

मोहिनी जी सवेंदनशील और सशक्त कवियत्री एवं लेखिका है इनकी कवितायें, कोमल हृदय की सतरंगी भावनाओं से ओत–प्रोत हैं इस पुस्तक में मोहिनी जी ने ऐसिड आक्रमण की व्यथा सहन करने वालों से मिलकर उनकी पीड़ा को व्यक्त किया है जो बहुत ही सराहीन कदम हैं।

अलका एन.एस.एम.

पाठक मित्रों, शशी शर्मा भोपाल से आप सबके मुखातिब मोहिनी जी के बारे में चंद अल्फाज कहना चाहूँगी।

मन मोहिनी अपने नाम के अनुरूप सच में मन को मोह लेने वाली हैं। इनकी लेखनी में शब्दों का जो माधुर्य झलकता है, वह इनके सुन्दर मन के भाव को दर्शाता है, मन सुन्दर हो तो हर ओर सुन्दरता बिखर जाती हैं, सुन्दर दिल की महिला, मोहिनी जी की सतरंगी मनमोहिनी पढ़ी जो मेरे मन को छू गई।

लेखन के साथ इनका समाज के लिए समार्पित होना बहुत बड़ी बात है। मेरी दुआ हैं कि आप यो हीं हँसती मुस्कराती समाज से जुड़ी रहें।

इन्हीं दुआओं के साथ आपकी।

लायन शशी शर्मा

भोपाल

बहुमुखी प्रतिभा की धनी परम आदरर्णीय और अपने नाम के अनुरूप हीं विगत कई वर्षो से अपने लेखन से हर वर्ग के व्यक्तियों को मंत्र मुग्ध करने वाली मोहिनी जी, ने अपनी इस रचना 'जलता पानी' के माध्यम से समाज के कुछ कुंठित लोगों के समूह की विकृत मानसिकता और उनके दुश्कर्म से त्रसित स्त्रियों की मनो दशा और दर्द का बहुत ही सजीव चित्रण किया है।

अपने अथक प्रयास और लगन से मोहिनी जी ने ऐसी महिलाओं को शहर–शहर खोज कर उनके दुःख दर्द को सांझा करने का एक महान प्रयास किया है।

मेरी शुभकामनाये हैं, कि उनकी यह रचना हमारे समाज के नेत्र खोलने के लिए एक अति उपयोगी यंत्र साबित होगी और इनके इस प्रेरणा दायक प्रयास को सभी मुक्तकण्ड से सराहेगें।

राजीव अरोड़ा

मीना जी सर्व प्रथम आपकी साहसिक सोच को प्रणाम। आप जो कार्य करने जा रही हैं उस पर शायद ही किसी लेखक ने लिखा हो, आपने इन पीड़ितों से स्वंय मुलाकात की, उनकी पीड़ा को समझा, उनके दर्द को महसूस किया, उनकी जीवन रेखा को आपने उजागर किया है, और समाज के सामने आपने सच को दिखाया है।

मुझे खुशी हैं, की आपकी लेखनी उन पीड़ितो के लिए एक नई रोशनी की किरण होगी।

बहुत सी शुभकामनाओं के साथ।

अनु मलहोत्रा

मीना डावर मोहिनी, बहुत ही सुलझी हुई लेखिका हैं, आपकी रचनाओं में जो भाव उभर कर आते हैं, वो हृदय को छू जाते ळें 'जलता पानी' उन पीड़ितो की व्यथा हैं जो समाज के कुछ अमानवीय और आपराधिक प्रवृत्ति के लोगों का शिकार हुयीं।

किसी के ऊपर भी तेजाब फेंकना एक घिनौना अपराध हैं, और ऐसे दोषियों के लिए फांसी की सजा भी कम है।

मैं मोहिनी जी को उनके इस प्रयास के लिए शुभ कामनायें देता हूँ और आशा करता हूँ कि वो इसी तरह निरन्तर समाज की भलाई के लिए कार्य करती रहेगीं।

रवि मल्होत्रा

दिल्ली

मोहिनी जी के इस साहसिक, सामाजिक कार्य के लिए और जिस तरह से आप उसे अपनी कलम के माध्यम से पिरोते हैं, लाजवाब काब्य, रचना और प्रस्तुति करते हैं उस जज्बे को बहुत–बहुत प्रणाम।

पीड़ितो की व्यथा को इतनी सच्चाई से ब्यान करके, सबको अभिभूत करने के इस प्रयास को मैं नमन करता हूँ।

शुभकामनाओं सहित

मनोज शर्मा, मेरठ

जलता पानी अपने आप में एक अद्भुत और अतिश्योक्ति से भरा हुआ शीर्षक है।

मोहिनी, जिस प्रकार से तुमने इन बालिकाओं की व्यथा बयान की है, वो काबिले तारीफ है। समाज के उन गंदी मानसिकता वाले लोगों की अभिव्यक्ति की है, और लोगों को अवगत कराया है, अपनी लेखनी द्वारा वो बहुत सराहनीय कार्य है। बालिकाओं ने भी वेबाकी से अपनी पीड़ा का वर्णन किया है। ये बहुत बड़ा कदम हैं समाज के युवा वर्ग के लिए।

मधुलता खन्ना

दिल्ली

मोहिनी शायरी की दुनिया में एक जगमगाता हुआ नाम है, जिसने बड़ी खूबसूरती से भावनाओं को अपनी लेखनी में पिरोया है।

नारी शक्ति को बढ़ावा देना, और नारी के सम्माान को शब्दों में ढालना, यह मीना जी की लेखनी का कमाल है।

नर और नारी एक दूसरे के पूरक है, सम्मान नारी का हक है, यह लेखिका द्वारा किया गया एक सार्थक प्रयास है। इसके लिए मोहिनी जी को बहुत–बहुत बधाई।

राधिका

किताब लिखना एक कला है, अपने दिल का हाल बयान करती हैं किताब, हम अपने आस पास होने वाली घटनाओं से प्रेरित होके अपने विचार लिखते है। मीना जी ने एक बहुत ही महत्वपूर्ण विचार प्रकट किया हैं, और हम सब का ध्यान एक ऐसी समस्या पर डाला है, जो बहुत ज्वलंत है।

शुभकामनाये मेरी ओर से।

दिव्या पंडित, दिल्ली

वक्त के थपेड़ो से थका हुआ, हालात के आगे हारा हुआ, जलते पानी की आग से झुलसा हुआ, एक चेहरा.........

जिसके पीछे ना जाने कितने दर्द, कितनी भावनाएं, सम्भावनाएं छुपी हुई है। लेकिन फिर भी खामोश, छुपा हुआ, समाज से बहिष्कृत.........

बहुत साहस की जरूरत है ऐसे विषय को उजागर करने के लिए, ऐसे दर्द को समझने के लिए..................

मैं तहे दिल से शुक्रिया अदा करता हूॅ मोहिनी जी का और शुभकामनाएं देता हूॅ, ऐसे ज्वलंत विषय पर को समाज के सामने इतनी मार्मिकता से पेश करने के लिए....

मेरी सहानुभूति, उन सभी महिलाओं के प्रति और शुभकामनाएं मोहिनी जी के लिए...

और साथ ही में बहुत–बहुत सहाहना कि आप सभी जीवन में आगे बढ़ती रहें और समाज को अपने चरित्र और साहस से रोशन करती रहें।

लायन विजय

मैं मीना जी को उनके इस प्रयास के लिए बधाई, और शुभकामनाए देती हूँ, उन्होने अपनी पुस्तक जलता पानी के द्वरा इस विषय को सबके सामने रखा है, ये एक सराहनीय कदम है।

मैं अपनी सहानुभूति प्रकट करती हूँ उन सभी ऐसिट अटैक पीड़ितों के प्रति, और सभी से प्रार्थना करती हूँ, कि हम सभी ऐसी पीड़ित महिलाओं के उत्थान में मीना जी का सहयोग करें।

बहुत–बहुत प्यार और शुभकामनाओं के साथ

जला हुआ चेहरा, बुझी हुई आँखे, दबे हुए जज्वात, कुचले हुए अरमान, और रोती हुई जुबान से, एक सवाल है इस समाज से और समाज के ठेकेदारों से कि मेरी हस्ती को मिटाने वालों के लिए क्या सजा होनी चाहिए...........

ये शब्द है उस आवाज के लिए जिसका सुन्दर चेहरा तेजाब से जला दिया गया हो।

मेहिनी जी जो अब तक हमें बहुत ही सुन्दर शायरी देती आयी है, साथ ही साथ, समाज कल्याण के कार्यो में अपना बेहतरीन योगदान देकर एक अनोखा उहाहरण पेश किया है, और आज का उनका ये प्रयास, जो कि ऐसिट अटैक से पीड़ित महिलाओं की व्यथा को दर्शाता है, अपने आप में एक साहसिक और सराहनीय कदम है, मैं आशा करती हूँ कि इस किताब से समाज को, और नारी उत्थान की बड़ी–बड़ी बातें करने वालों को, एक आईना नजर आएगा, और सरकार भी शायद भी शायद कोई कानूनी बदलाव प्रस्तुत करे इस अघन्य अपराध के लिए ....

.मेरी दोस्त और प्रेरणा मीना जी की मै ढेर सारी शुभकामनाए देती हूँ और उनके इस प्रयास की सहाहना करती हूँ।

रीटा चौकसी(प्रधानाचार्य)

मुम्बई

सूची

जलता पानी

डर लगता है, औरत बनने से,
फिर से तिल–तिल जलने और मरने से,
कैसे बचूंगी उस तीली से,
कैसे बचूंगी उस पानी से,
उस जलते पानी से,
कैसे बचूंगी उन आँखों से,
कैसे बचूंगी उन बातों से,
हर आँख में एक सवाल है,
ना जाने कितने बवाल हैं,
उस तीली, उस पानी से खत्म होते से मानो हिसाब हैं,
मेरे नसीब की कैसी ये किताब है,
डर लगता है सच औरत बनने से,

मोहिनी तो मोम जैसी है,
जलती है पिघलती है,
दिल इक बार टूट जाये तो,
सख्त मोम सी बनती है,
कोशिश कर ले फिर जहाँ सारा,
कर ले सारी खुदाई,
मोहिनी के दिल से जो तस्वीर इक बार उतरी,
वापिस कभी ना बन पाई।

आंसुओ को आने दो,
कुछ तो हल्का हो जाने दो,
दिल के कुछ घाव हैं,
रिस–रिस के बह जाने दो।

निभाने की कसम जो हम खाते हैं,
जीना कहाँ सीख पाते हैं,
रोज़ शिकायतों का नया पुलिन्दा है,
जिन्दगी कहाँ जी पाते हैं।

खूबसूरत चेहरा नहीं,
खूबसूरत तकदीर होती है,
ऐसे भी चेहरे होते हैं,
जिनकी तकदीर नहीं होती है।

थोड़ा सुलगती हूँ,
थोड़ी पिघलती हूँ,
फिर भी जीती हूँ।

कुछ तो ऐसा कीजिए रहम,
जन्म मरण के चक्कर से जाऊ मैं ठहर,
इच्छा कर्म सभी कीजिए खत्म,
क्यों फिर से भुगतूँ वो चौरासी का कहर,
कुछ तो ऐसा कीजिए रहम।

माफी और सजा

- सोनिया चौधरी गाजियाबाद

सोनिया अर्थात् रोशनी, नूर, खूबसूरती, चमक, मेरे नाम के यही मायने थे, मेरे लिये और मेरे पिता के लिए, मेरे पिता जो मेरे सबसे अच्छे सलाहकार और मित्र है।

जवानी की दहलीज पर कदम रखते रखते, मेरी सुंदरता में चार चांद लग गये थे, मैं सुंदर तो थी ही, उस पर मैं एक कुशल ब्यूटीशियन भी थी, और होती भी क्यों ना, मेरी लगन और हुनर की वजह से मैं कुछ ही वर्षो में एक छोटे से पार्लर से, VLCC के पार्लर तक पहुँच गई थी।

मेरे पिता की आँखे एक हादसे की वजह से कमजोर हो गई थी, इसी वजह से वो ज्यादा काम नहीं कर पाते थे, मैनें एक पुत्र की तरह उनकी जिम्मेदारियों को सांझा करने के लिए ही ब्यूटीशियन का कार्य सीखा और नौकरी करने लगी।

बात सन् 2004 की है, मैं खूब मेहनत और लगन से अपना काम कर रही थी और सभी (मेरे ग्राहक और मालिक) मेरे काम से बहुत खुश थे, और मैं भी अपने काम से बहुत खुश थी, कभी मुझे अपने काम की वजह से घर लौटने में देरी हो जाती तो मेरे माता पिता को बहुत चिंता होती थी, उस समय मोबाइल का जमाना शुरू हो चुका था, तो मेरे माता पिता ने सलाह दी कि मैं एक मोबाइल ले लूं ताकि उन्हे भी मेरी खबर मिल सकें।

मुझसे खूबसूरत भी कोई नही,
जली तो मैं थी पर रोई नहीं,
मेरी खाल से मोहब्बत करने वाले,
जलते रहे मुझसे जलने वाले,
तीली की आग या पानी की आग लगाने वाले,
अभी तक न संभले,
मुझे तड़पाने वाले,

आज भी बिकती है मौत मेरी,
सस्ती सी दुकानों पर,
मोल खाल का नहीं, भाव आग का कहकर।

ज्यादा पढ़ा लिखा न होने की वजह से हमारे परिवार में किसी के पास भी, जरूरी कागजात जैसे, पहचान पत्र आदि नहीं था, जो कि मोबाइल लेने के लिए अनिवार्य थे, मैनें अपनी समस्या, पार्लर में आने वाली एक महिला, जिन्हें मैं भाभी कहती थी, उन्हें बताई, उन्होने कहा कि तू चिन्ता मत कर मैं अपने पति से कह कर तुझे मोबाइल दिला दूंगी। दो दिन बाद ही उनके पति ने मुझे एक पुराना मोबाइल और नम्बर दिला दिया और मैनें उन्हे पैसे भी दे दिये।

मुझ नादान को कहां पता था कि ये मोबाइल ही मेरे जीवन के लिए एक अभिशाप बन जायेगा। दो दिन बाद ही, मेरे मोबाइल पर एक फोन आया और मेरे फोन उठाते ही सामने से गाली गलौच शुरू हो गयी, कि तूने ये फोन चोरी किया है।

मैं तो घबरा ही गई और मैनें कहा कि मैनें यह मोबाइल खरीदा है, चुराया नहीं है, और उनके बार–बार चोर कहने पर मैनें गोयल जी (जिनसे मैनें मोबाइल लिया था) का पता और नम्बर दे दिया।

तीन चार दिन बाद ही गोयल जी मेरे घर आये और मुझे और मेरे पिता को धमकाने और बुरा भला कहने लगे, कि तुम्हारी वजह से मेरी बहुत बेइज्जती हुई है, मैनें मोबाइल दे के तुम पे एहसान किया और तुमने मेरी शिकायत करके मेरी बेइज्जती कर दी, अब तुम्हें मुझसे माफी मांगनी होगी, वर्ना मैं तुम्हें बर्बाद कर दूंगा। मेरे पिता ने मेरा साथ देते हुए कहा कि मेरी बेटी ने कोई गलती नहीं की है और वो हरगिज माफी नहीं मागेंगी।

उस दिन से मेरे पिता रोज शाम को मुझे पार्लर से लेने आते और मै उनके साथ ही घर आती।

इस बात को हुए लगभग एक महीना बीत चुका था, और लगने लगा था कि जैसे हम उस बात को भूल चुके है, वैसे ही गोयल जी का गुस्सा भी शांत हो चुका होगा।

उस दिन किसी कारण मेरे पिता मुझे लेने नहीं आए और मैं अकेली ही घर की तरफ चल पड़ी, मैं घर से सिर्फ सौ कदम ही दूर थी, कि मैनें देखा, सामने से एक मोटर साईकिल आ रही है जिसकी पिछली सीट पर गोयल जी बैठे हैं और चलाने वाले ने हेलमेट पहना हुआ है।

इससे पहले मैं कुछ समझ पाती उन्होने मुझपर लगभग 3–4 लिटर तेजाब जो एक कटी हुई कैन में था, उडेल दिया।

जब मैं झुलस रही थी,
कहीं और भी चिंगारी भड़क रही थी,
मेरी चीख मेरी भीख,
क्यों ना उस तक पहुँच रही थी,
उस अबला की जिन्दगी भी क्या,
बेहद सस्ती थी,
जिसने बनाया जिसने पैदा किया उनकी नियत तो खरी थी,
फिर क्यों जमाने से कटघरे में सिर्फ मैं,
सिफ मैं और सिर्फ मैं खड़ी थी।

अगले ही पल, मेरे कपड़े और मेरी खाल दोनों ही पिघले हुए मोम की तरह मेरे शरीर से अलग हो कर गिरने लगे, मैं चीखने लगी, शोर सुनकर सब पड़ोसी और मेरे माता पिता बाहर आ गए, और जिसने भी मुझे छुआ या उठाने की कोशिश की

उसे भी मेरे ऊपर गिरे तेजाब ने झुलसा दिया, मेरी चीखें कब बेहोशी में तब्दील हो गई मुझे पता ही नहीं चला।

होश आया तो मै सफदरजंग अस्पताल में थी, और मेरी जलन और दर्द फिर चीखें बन कर शोर मचाने लगी, कई आपरेशन हुए, लेकिन ना जख्म भरते थे ना दर्द कम होता था, डाक्टर पट्टी करते तो मैं दर्द से बिलबिलाती, उनसे भींख मांगती कि धीरे पट्टी करों लेकिन वो मेरी एक ना सुनते, बल्कि मुझे और मारते कि अगर इतनी ही नाजुक है तो कही और अस्पताल में जाकर अपना इलाज कराओं।

इतना दर्द, इतनी जलन, मैं दिन रात भगवान से बस यहीं मांगती कि इस जीवन से अच्छा तो मुझे मौत दे दों, पर मौत भी शायद मुझसे रूठ गई थी।

मुझे भी दर्द होता है,
मेरा दिल भी रोता है,
मैं भी चिल्लाती हूँ,
जब कोई मुझ पर वार करता है।

लगभग 4 साल मैनें एक ही बिस्तर पर एक ही करवट में लेटे हुए काटे, ना हिली ना उठी, वहीं खाना और वहीं सब नित्य कर्म, कपड़ों के नाम पर बस सफेद पट्टियां ही थी मेरे लिए।

6 साल बाद मैं कमरे से बाहर निकल कर खुला आसमान देख पाई, घर में कोई आईना नहीं था, मैनें जब एक स्टील के बर्तन में अपना चेहरा देखा तो चीख पड़ी, आत्महत्या करने की कोशिश की, तो मेरी मां ने मुझे बचा लिया, और कहा कि तेरे बाप ने तुझे बचाने के लिए अपना सब कुछ बेच दिया, दुनिया का कर्जदार हो गया और तू मरना चाहती है, अगर मरना ही है तो

पहले उनका कर्जा चुका दे, फिर खुशी– खुशी मर जाना। ये बात मुझे तीर से भी ज्यादा चुभी, लेकिन फिर मैनें सोचा कि अब मैं अपने पिता को इस कर्ज से मुक्त करा कर ही दम लूंगी।

बहुत कोशिश की लेकिन किसी ने मुझे नौकरी नहीं दी, एक घिनौने चेहरे को ब्यूटीशियन की नौकरी देता भी कौन।

फिर मैने सोचा कि अब मैं नौकरी करूंगी नहीं, नौकरी दूंगी और घर पे ही मैनें अपना छोटा सा पार्लर खोल लिया।

मैं अपना चेहरा हमेशा ढक कर रखती, जब मेरी पहली ग्राहक आई तो मुझे देखकर घबरा गई, मैनें उससे कहा कि अगर आपको मेरा काम पसंद ना आए तो पैसे मत देना, लेकिन उसे मेरा काम बहुत पंसद आया और उसने मुझे बदले में और बहुत सारे ग्राहक देने और मेरी मदद करने का वादा किया।

कुछ ही समय में मेरा पार्लर चल निकला, और मेरी पहली ग्राहक ने ही अपने घर में बड़ा पार्लर खोलने के लिए एक कमरा भी दे दिया, मेरी मेहनत, लोगों की दुआओं और मेरे पिता के आर्शीवाद से मैं आज अपने पैरों पे खड़ी हूँ और एक सम्मान की जिन्दगी जी रही हूँ।

मेरी तकलीफ का बदला भगवान ने गोयल जी से भी लिया, मुझ पर तेजाब डालने के जुर्म में उनको सजा हुई, लेकिन एक महीने बाद ही जमानत हो गई, उनकी बीवी ने उन्हे छोड़ दिया, और अपने दोनों बच्चों को लेकर चली गई, दो साल बाद वो भी बीमारी की वजह से चल बसे। ये सब बाते मुझे बहुत बाद में पता चली, अगर आज गोयल जी जिन्दा होते तो मैं उनसे एक बात जरूर कहती कि मेरे माफी ना मांगने पर आपने अपने गुस्से और अंहकार में अंधे होकर जो मेरे साथ किया क्या उस पाप को

भगवान कभी माफ करेगा, लेकिन मेरे पूछने से पहले ही भगवान ने उन्हे उनकी सजा दे दी, और हम सबको ये बतलाया कि अंतिम सजा देने का अधिकार सिर्फ परमात्मा के पास है किसी इंसान के पास नहीं।

तीर ने कभी कोई हिसाब न किया,
कमान पर चढाने वाले का हिसाब था वो,
वक्त से सीख, वक्त ने सिखाया,
कभी रूलाया, कभी जिताया,
कभी रूक–रूक के चलना सिखाया,
वक्त ने जीत हार का मतलब भी बताया,
वक्त ने रास्ता रब़ का भी दिखाया,
वक्त को वक्त दो,
तो यही समझ आया,
वक्त से पहले किसी ने कभी कुछ नहीं पाया।

एक मां ऐसी भी

- रूपा लखनऊ

बडे प्यार से मेरे माता पिता ने मुझे नाम दिया ''रूपा'' मेरा जन्म मुजफ्फरनगर उत्तर प्रदेश में हुआ, और मेरा बचपन और यौवन फरीदाबाद में बीते, ढाई साल की उम्र में मेरी मां 6 मास के मेरे छोटे भाई को छोड़कर स्वर्ग सिधार गई।

मां के देहान्त के कुछ समय बाद पिताजी, घर में नई मां ले आये जिनकी एक बेटी भी थी, शुरूआत में तो नई मां हमे बहुत प्यार करती और हमारा बहुत ध्यान रखती थी लेकिन कुछ वर्षो में ही उनका असली चेहरा सामने आ गया।

मुझे सुबह 4 बजे उठा दिया जाता और सारे घर का काम करना पड़ता, बात– बात में मार, गालियाँ और दुत्कार, पिताजी गाजियाबाद में काम करते थे और रविवार को घर आते थे और पूरे हफ्ते मैं मां की गुलामी करती, छोटी–छोटी गलती पे मुझे उल्टा लटका कर दीवारों पे मारा जाता सुबह उठाने के लिये मेरी चारपाई ही पलट दी जाती, शरीर पे नोचा जाता।

कहीं अपने हैं, कहीं पराये हैं,
तीर सभी ने चलाये हैं,
कभी भेद दिये, कभी विच्छेद दिये,
कभी होश में, कभी बेहोश में,
कभी जान कर, कभी अंजान बन,
दाँव पर रख मेरे अरमानों को,
मेरी ही जान के बोल लगे,
कैसे समेटूँ किस से लपेटूँ,
उन जलते पन्नों को,
उन झुलसे अंगों को।

अब मेरे लिये मां शब्द की परिभाषा ही बदल चुकी थी पिताजी स्कूल की फीस के पैसे देते लेकिन वो फीस जमा नहीं की जाती, रास्ते से ही वापिस बुला लिया जाता, इतना डरा धमका के रखा जाता कि मैं घर से निकलकर खण्डहर में चली जाती कि पड़ोसियों को ये लगे कि बच्चे स्कूल गये है। लेकिन स्कूल कैसे जाती, फीस तो जमा ही नही की गई थी, और मैं डर और मजबूरी की वजह से खामोशी से सब सहती रहती, मैं उस घर के लिए एक नौकरानी से ज्यादा कुछ नहीं थी।

मेरे चाचा और चाची मुझसे बहुत प्यार करते थे लेकिन वो भी मजबूर थे, मुझे अपने साथ नहीं रख सकते थे, क्योकि उन्हे पता था कि अगर मैं दो दिन उनके साथ रही तो अगले 20 दिन मेरी सौतेली मां मुझे प्रताडित करती रहेगी।

एक बार मैं अपनी नानी के घर रहने लगी और 6 मास तक उनके साथ ही रही, मेरी सौतेली मां को लगता था कि मेरी मां ने शादी के लिए रूपया और जेबर मेरी नानी के पास रखा है।

जब मैं नानी के घर से आई तो मेरा स्वागत गालियों से हुआ और मेरे पिता ने भी यहीं समझाया कि कुछ दिन और सह लो फिर तो तुम्हारी शादी हो जायेगी, उस दिन मैनें ठान लिया कि मैं अब पिताजी को भी कुछ नहीं बताऊगी।

एक वक्त का खाना, पूरे परिवार के कपड़े धोना, रोटी कच्ची रह जाने या जल जाने पर गन्ने से पूरे शरीर पर मार, यहीं थी मेरी जिन्दगी।

चीखी भी थी चिल्लाई भी थी,
दी अपनी जान की दुहाई भी थी,

ऑखों से देखती रही मौत को अपनी,
सोचा ये क्यों न परायी थी।

एक बार मेरी बुआ ने मेरी सौतेली मां से कहा कि ''रूपा को हमारे यहां भेज दो मैं उसे सिलाई कढ़ाई सिखवा दूंगी, कल को इसकी शादी भी तो करनी है, लेकिन मेरी सौतेली मां ने मुझे नहीं भेजा क्योंकि वो नही चाहती थी कि उसकी पोल कुल जाये।

एक दिन मेरे चाचा घर आये, मैं एक हफ्ते से नहाई भी नहीं थी, गंदे कपड़े, सूखे बालों में ही धूप में चौक में झाड़ू मार रही थी, सौतेली मां घर पर नही थी, चाचा ने मेरी सौतेली बहनों को बहुत डाँटा फटकारा, लेकिन इससे ज्यादा कुछ नहीं कर पाये।

हाथ से रेत फिसलती रही,
यूँ जिन्दगी सिसक के चलती रही,
इक उम्मीद इक आस रोज़ उठती रही,
कभी पूरा कभी अधूरी सी जिन्दगी चलती रही,
खामोशियों और शोक के दायरों में,
रोज़ अपनी बात रखती,
बस जिन्दगी यूँ ही चलती रही,
आकाश की ऊँचाई चाहने की आस में,
जमीन पाँव से निकलती रही,
फिर भी फिसलती सी जिन्दगी चलती रही।

रविवार को जब पिताजी घर आये तो सौतेली मां ने उनके सामने ही मुझे कांटो वाली डंडी से इतना मारा कि मेरे हाथ पैर से खून बहने लगा, अगले दिन जब पिताजी गाजियाबाद जाने लगे तो मैं उनके पैरों में लिपट कर बहुत रोई और मिन्नतें करने

लगी कि मुझे भी अपने साथ ले चलो लेकिन वो मुझे वहीं छोड़ कर चले गये।

उस रात मेरी चारपाई तीसरे कमरे में डाली गई, मेरे मन में कुछ संदेह हुआ कि आज मेरे साथ कुछ बहुत बुरा होने वाला है। मैनें अपनी चारपाई बाहर चौक में डाल ली फिर अगर कुछ हुआ तो मैं भाग तो संकूगी, मार के दर्द और काम की थकान से जल्दी ही मुझे गहरी नींद आ गई।

रात को 2:30 बजे मेरी सौतेली मां ने मुझपे तेजाब फेंका, जैसे हजारो बिच्छुओं ने एक साथ काट लिया हो, मुझे कुछ दिखाई नहीं दे रहा था, मैं बाहर की तरफ भागी और चीख पुकार सुनकर पड़ोस के एक बुजुर्ग ने मुझे देखा, दो घंटे तक मैं गली में पड़ी चींखती और तड़पती रही, सब लोग इकठ्ठा हो गये लेकिन कोई अस्पताल नहीं ले गया। मैं सबसे कहती रही कि मेरे चाचा को बुला दो, क्योंकि मैं जानती थी कि सिर्फ वो ही मेरी जान बचा सकते है बेहोशी की हालत में मुझे सरकारी अस्पताल लाया गया, अगले दिन 11 बजे चाचा वहां आये और मुझे सफदरजंग अस्पताल ले आये मेरे सिर के बाल उड़ गये थे, आँखे चिपक गई थीं, 12 दिन बाद मुझे होश आया और 45 दिन बाद मेरी आँखे खुली मैं सिर्फ आवाज से लोगों को पहचानती थी, मेरे चेहरे की खाल से खून रिसता रहता था, जो मेरे खाने तक में गिर जाता, मेरे चाचा ने दिन रात मेरी सेवा की, मुझे खिलाना, नहलाना, कपड़े पहनाना, मेरे 12 ऑपरेशन हुए, और मेरे चाचा ने सब कुछ छोड़कर सिर्फ मेरी सेवा की, डेढ़ साल के बाद मैं उठने बैठने लायक हुई, जो सिर्फ मेरे चाचा की सेवा, और डॉक्टरों के इलाज की वजह से संभव हुआ।

मौत का फरमान अपनों के हाथों में था,
तो यमराज कैसे होते है,

कैसे जिन्दगी के फैसले,
अपनों के हाथों होते है,

जिन्दगी देने वाले ने देखा न इक बार भी,
और जिन्दगी लेने वाला करता रहा वार सभी।

आखिर क्यों?

- गरिमा लखनऊ

मैं जब भी अखबार में पढ़ती, कि कोई बस खाई में गिर गयी, या कहीं भूकम्प आ गया, या कहीं बाढ़ से सैकड़ो लोग तबाह हो गये, तो सोचती कि उन लोगों की क्या गलती थी, उनकी किसी से क्या दुश्मनी थी, जो उनके साथ ऐसा हुआ।

क्योंकि स्कूल में और घर में भी यहीं सुना था कि अगर आपने किसी का बुरा नहीं किया तो भगवान कभी आपके साथ भी बुरा नहीं होने देगें।

हर आँसू मेरा भी मोती है,
आँख मेरी भी रोती है,
दर्द मुझे भी होता है,
जिन्दगी मेरी भी तो होती है।

लेकिन 11 साल की उम्र में ही मेरी ये गलतफहमी दूर हो गई, मैं उस वक्त कक्षा 6 में पढ़ती थी, दिनांक 05 सितम्बर, 2008 कैसे भूल सकती हूँ, मैं उस दिन को जिसने मेरी सोच, मेरे चेहरे, मेरे अर्न्तमन यहां तक कि मेरे आस्तित्व को भी जला दिया।

विद्यालय से वापिस घर आते हुए किसी ने मुझ पर तेजाब डाल दिया, मैं तो कुछ सोच समझ हीं नहीं पायी कि मेरे साथ हुआ क्या है, होश आया तो मैं अस्पताल में थी और ऐसा लग रहा था कि हजारों जहरीले कीड़े मेरे बदन को धीरे–धीरे काट रहे हों। बाद में पता चला कि किसी ने मुझ पर तेजाब डाल दिया मगर किसने? क्यों? किस वजह से?

माना जलाकर ही मुझको,
ये ज़माना कभी अपना न हुआ,
जो अपन थे वो बेगाने थे,

ते बेगानों में अपना क्या था।

मेरी उम्र में तो दोस्ती (कट्टी और अब्बा) के खेल से ज्यादा कुछ भी नहीं था, और लड़ाई स्कूल में आगे की सीट को लेकर शुरू होती थी और आधी छुटटी में अचार की एक डली पे आकर खत्म हो जाया करती थी।

मेरी किसी से क्या दुश्मनी? क्या झगड़ा? क्या बैर? ये सवाल आज भी मेरे लिए अनबूझ पहेली है। लगभग 6 महीने अस्पताल में बिताने के बाद, मैं घर आई, मैं घर में ही रहती और घर में ही पढ़ाई करती, सहेलियां, छुपन छुपाई, लगड़ी टांग, और शाम को दोस्तों के साथ घूमना तो जैसे सपना ही बन गया।

जलती है आग कभी,
जलता है पानी भी,
करती है राख़ कभी तो,
खत्म कभी जिन्दगानी भी,
आँसू भी जला गए,
कभी आँखों को मेरे तो,
जला गया कभी बारिश का पानी भी,
उफ्फ क्या लिखी, क्यों लिखी,
ऐसी नसीब बानी भी,
जलती है आग कभी जलता है पानी भी।

फिर मेरे पापा मुझे अपने साथ ले आये, और मेरे जीवन को एक नई दिशा मिली, कुछ नये दोस्त, जीने की नई उमग और हौंसला मिला।

अब मैं सपने देखती हूँ, और उन्हे पूरा करने का प्रयास करती हूँ और मेरा सपना है कि मैं पोलिस में भर्ती हो जाऊँ, और

अपनी राह से भटके हुए लोगों को वापिस सहीं रास्ते पर लाने में इस देश और समाज की मदद करूं।

और ऐसा करने में कहीं ना कही मेरा अपना स्वार्थ भी है, शायद कभी मैं उस इंसान से भी मिल पाऊँ जिसने मेरे उपर तेजाब डाला था, आज इतने सालों के बाद मैं शायद उसे कोई सजा भी न दूं, और कोई बददुआ भी ना दूं, सिर्फ इतना ही सवाल मैं उससे पूछूंगी कि उसने मेरे साथ ऐसा क्यों किया।

आखिर क्यों?
थोड़ा वक्त दो, बिखरी थी,
सिमट जाऊंगी मैं,
किसी ने तोड़ा, किसी ने मरोड़ा,
तो क्या हुआ, फिर भी जी जाऊंगी मैं,
धोखा खाती हूँ, अपनों बेगानों से,
फिर भी हैरान हूँ मैं कि ज़ी जाऊंगी मै,
थोड़ा वक्त दो, बिखरी हूँ,
सिमट जाऊंगी मैं,
निखर कर संवर कर,
फिर से आऊंगी मैं,
अभी थकी नहीं हूँ,
बस रूक गई हूँ।

प्रीति की पीड़ा

- फतेहपुर उत्तर प्रदेश

जब पहली बार मेरे पड़ोसी के बेटे ने मुझ पर पानी जैसा कुछ फेंका, और वो मेरी मां की सूख रही धोती पर गिरा, तो मुझे आभास भी नहीं था कि वो तेजाब है, पर मेरी मां की धोती उस पानी से मोम की तरफ पिघल के गिरने लगी।

क्या इंसान जलन में इतना गिर सकता है, मेरे पड़ोसी जो हमेशा मेरे पिता के कारोबार में सांझीदार बनना चाहते थे, और हमसे जलते थे, उनका बेटा जो हमेशा मुझे बुरा भला कहता और धमकाता था, तब भी मैनें नही सोचा था कि इंसान की जलन उसे इतना नीचे गिरा सकती है।

आसान नही था भूलना,
मंजर वो खतरनाक था,
किसी के हाथ में मेरी मौत का सामान था,
ऐसे खौफ में खड़ी थी मैं,
बेखौफ मेरा जल्लाद था,
खुली आँखों से जो देखी मौत अपनी,
ना जाने कौन सा पाप था।

अगले ही दिन जब मैं पानी भर रही थी मेरे पड़ोसी ने फिर वार किया, मुझे तो होश भी नहीं रहा सिर्फ एक दर्द, जलन जैसे किसी ने मेरे चेहरे पर हजारों अंगारे रख दिये हों, और कोई लाखों तीरों से मेरे चेहरे और शरीर को बेध रहा हो।

जब होश आया तो सब कुछ बदल चुका था, मेरा चेहरा, मेरा शरीर यहां तक कि मेरी सोच और मेरा व्यक्तित्व भी, न जाने क्यों, आज एक भाई की कमी बहुत खल रही थी, और उससे भी अधिक उस सुरक्षित एहसास की, जो एक भाई देता है।

ये इंसानी रूप के भेड़िये,
क्यों खुले आम घूमते हैं ,
देखकर लाचार किसी को,
बेखौफ लपकते हैं,
किसी की जान जाए,
ईमान जाए,
इनके हाथ नहीं कांपते हैं,
इंसानियत को बेच खाते हैं,
मानों जंगल राज चलाते हों,
इंसान के रूप में भेड़िये।

अस्पताल में लक्ष्मी मैडम और उनके साथियों ने मुझे हिम्मत दी और भरोसा दिलाया, कि वो सब मेरे साथ है, एक वर्ष के इलाज के पश्चात् आज मैं अपने पैरों पे खड़ी हूँ, और किसी के ऊपर निर्भर न होने का एहसास मुझे जीने की आशा देता है, मेरा परिवार चाहता है कि मैं विवाह कर लूं, मगर मैं अभी उसके लिए तैयार नहीं हूँ।

किस से इंसाफ मांगू,
कौन देगा इंसाफ मुझे,
हर शख्स झाड़ता फिरता,
इस गुनाह से हाथ,
गुनाहगार खुला रहा छाती ठोक कर,
मुझे दिया जलते पानी से इंसाफ,
छुपा बैठी मैं चेहरा अपना,
बंद हो गयी आवाज,
गुनाह गार की जीत हुई,
मेरी हो गयी हार,

उस तेजाब ने मेरा चेहरा, मेरा शरीर बिगाड़ दिया और मेरी खाल की सारी परतों को जला दिया, लेकिन उसकी जलन मेरी सोच और मेरी आत्मा को नहीं जला सकी है।

मैं आज भी सपने देखती हूँ और उन्हें सच करने के लिए निरंतर आगे बढ़ रही हूँ, और मेरा सपना है कि मैं कम्प्यूटर चलाना सीखूं और एकाउन्टैट बनूं।

मुरझाया सिर्फ जिस्म है मेरा,
रूह अभी बरकरार है,
हर उस हवा से,
हर उस उम्मीद से,
रूह को प्यार है,
जो जीने को,
जख्म पीने को,
रहती हमेशा तैयार है।

प्यार या घृणा

- रूकय्या आगरा

मैं रूकय्या, जीवन के 30 सावन देख चुकी हूँ, तीन बहनों और दो भाईयों का भरा पूरा परिवार, पिता की मृत्यु मेरे बचपन में ही हो गई थी।

मेरे बड़े भाई अक्सर परेशान रहते थे क्योंकि इतने बड़े परिवार की जिम्मेदारी जो थी उन पर, बात सन् 2002 की है जब मैं 18 वर्ष की नवयौवना थी और मेरे मन में भी हर लड़की की तरह आने वाले जीवन के रंग बिरंगे सपने थे, उन दिनों मैं अपनी बड़ी बहन के यहां अलीगढ़ गई हुई थी, क्योंकि उनकी तबीयत कुछ ठीक नहीं थी।

मुझे मेरी नज़रों में ही कैद रहने दो,
बाहर आई तो बेजार हो जाऊंगी,
ना जाने कितनी लाचार हो जाऊंगी,
किसी की नज़र से घायल,
तो कहीं कायल हो,
ऐसे कैसे मैं जी पाऊंगी,
मुझ खुद की नज़र में ही कैद रहने दो।

मेरी मां चाहती थी कि वहां से मैं अपने मामा के घर हरिद्वार जाऊँ, क्योंकि उन्होंने वहां मेरे लिये कोई लड़का देख रखा था, लेकिन तकदीर को तो कुछ और ही मन्जूर था।

मेरी बड़ी बहन का सौतेला देवर (आरिफ) मन ही मन मुझे पंसद करता था और मुझसे शादी करना चाहता था ये बात उसने मेरी बड़ी बहन को, अपने पड़ोस की मूँहबोली बहन के जरिये कहीं, लेकिन मैं और मेरी बहन दोनों ही उसकी असंतुलित मानसिकता, गुस्सैल रवैये के बारे में जानते थे इसलिए ना तो मैं और ना ही मेरी बड़ी बहन ये रिश्ता करना चाहते थे। जब आरिफ जो इस बात का एहसास हुआ कि हम दोनों ही ये रिश्ता

नहीं चाहते तो उसने मेरी बड़ी बहन को कहा कि मैं शादी तो रूकय्या से ही करूंगा वर्ना इसकी शादी कहीं और भी नहीं होने दूंगा, लेकिन हमने उसकी बातों पर *ज्यादा ध्यान नहीं दिया।*

उफ्फ क्यों ऐसी चाहत होती है,
के चाहत के बाद सिर्फ मौत होती है,
सिसक–सिसक कर किसी की याद में,
क्यों मोहब्बत बेजार रोती है।

एक रात जब मैं शौच(वाशरूम) जाने के लिए बाहर आई तो आरिफ ने मुझ पर तेजाब डाल दिया और बोला कि अगर तू मेरी नहीं होगी, तो मैं तुझे किसी और के लायक भी नहीं छोड़ूंगा। उस वक्त तो मुझे ऐसा लगा जैसे आरिफ ने मुझ पर गर्म चाय डाल दी हो मगर अगले ही पल एहसास हुआ जैसे मेरी जिन्दगी खत्म हो गई है। मैं दर्द और जलन से चिल्लाने लगी मुझे संभालते हुए मेरे जीजा जी भी झुलस गये, मै दर्द से कराहती और चिल्लाती रही, गाड़ी या और कोई साधन ना होने की वजह से मुझे अस्पताल भी ना ले जाया जा सका, पड़ोसी और रिश्तेदारों ने समझाया कि अगर पुलिस को खबर की तो दोनों बहनों की बदनामी होगी और दोनों की जिन्दगी बर्बाद हो जायेगी, सुबह मुझे अस्पताल ले जाया गया, और मेरा इलाज शुरू हुआ।

कभी उतारी चोली मेरी,
कभी उतारी खाल,
उस पर भी मन न भरा,
तो रूह को किया हलाल,
कैसा है ऐ तू इंसान,
न तेरा कोई दीन न ईमान

मेरा बड़ा भाई जो पहले से ही कर्ज में डूबा हुआ था, मेरे इलाज की वजह से और कर्जदार हो गया, घर का एक–एक गहना और बर्तन बिक गया, एक वर्ष तक मेरा इलाज चला, मेरे छोटे भाई बहनों की पढ़ाई भी छूट गयी। एक साल बाद जब मैं थोड़ी ठीक हुई तो मैनें अपनी बहन से कहा कि मैं आरिफ से शादी कर के उसे जीवन भर सजा देना चाहती हूँ, लेकिन मेरे परिवार ने मेरी बात नहीं मानी, और कहा कि जिसने तेरा ये हाल किया है हम उसे तेरा जीवन साथी कभी नहीं बनाएगें।

वक्त बीतता गया, 23 वर्ष की उम्र में मेरी शादी हो गयी मेरे पति बहुत ही अच्छे इंसान हैं, और मेरा बहुत ध्यान रखते हैं, आज मैं एक बच्चे की मां हूँ, और अपने परिवार के साथ हंसी खुशी से रहती हूँ, मेरे पति चाहते हैं कि बाहर घूमूँ, फिरूं और एक सामान्य जिन्दगी बिताऊं।

देखो जब तक ये दिल टूटेगा नहीं,
ये रिश्ता छूटेगा नहीं,
रोज़ नई उम्मीद से उठेगा,
रोज़ बिखर जाएगा,
बस इक बार इल्तजा़ है,
तुमसे तोड़ दो इस दिल को,
इस रिश्ते को अब खत्म हो ही जाने दो,
ये जो रिस रिस बचा है इसमें,
उसको भी अब बह जाने दो।

मैं बचपन में पढ़ना चाहती थी, लेकिन पैसों के अभाव और मां की बीमारी की वजह से सभी छोटे भाई बहनों की जिम्मेदारी मुझ पर थी, लेकिन जो सपने कभी मैनें देखे थे, मैं चाहती हूँ कि मेरा बेटा वो सभी सपने पूरे करे, पढ़े–लिखे एक अच्छी जिन्दगी जिये।

आज भी जब मैं अपने अतीत में जाती हूँ और 12 साल पहले हुए उस हादसे को याद करती हूँ तो एक ही सवाल मेरे दिमाग में कौंधता है कि क्या वो प्यार था या नफरत जिसने मेरा चेहरा और मेरा आस्तित्व दोनों जला दिये।

शक.... एक अभिशाप

- कुंती सोनी

18 वर्ष की अल्हड़ उम्र, आसमान की ओर देखती आँखे, चाँद तारों को अपनी बाहों में भर लेने को आतुर मन, परियों की कहानी जैसे राजकुमार से मिलने की आशा।

हर लड़की की तरह मेरे भी कुछ ऐसे ही सपने थे, लखनऊ से मैं कुंती सोनी, मां–बाप, 7 बहनो और दो भाईयों का भरा पूरा परिवार, अभाव थे लेकिन एक दूसरे के लिए स्नेह और प्यार में कोई कभी ना थी, हम सभी बड़े प्यार से एक साथ रहते थे।

सन् 2010 में वो दिन आया जिसका हर लड़की को इन्तजार होता है। मेरी शादी हुई, लाल जोड़ा पहनकर एक नई दुनिया के सपने, आँखों में लिये मैं विदा हुई, लेकिन मेरे सपनों का महल जल्दी ही ताश के पत्तों के महल की तरह ढह गया।

कुछ इस तरह तोड़ गया वो मुझे,

अधूरा सा छोड़ गया वो मुझे,

ना दिल की रही,

ना दिमाग की रही,

बस हर कहानी अब अधूरी सी रही,

ना तेरी हो सकी ना किसी की हो सकी,

तेरे छोड़ कर जाने से,

मैं खुद की भी हो ना सकी।

मेरे पति को शराब की लत थी, शराब पीकर आना, चीखना, चिल्लाना और मारना पीटना उनके रोज का काम बन गया था, कुछ समय के बाद उन्होने काम पे जाना भी बंद कर दिया, और सुबह शाम सिर्फ शराब पीने लगे, पहले गहने बिके और फिर बात घर के बर्तनों तक आ गई, समय से समझौता करके मैं एक फैक्ट्री में काम करने लगी, सोचा मैं कुछ कमाऊंगी तो घर में दो वक्त की रोटी के साथ, घर में शायद थोड़ी शांति भी ला सकूं, मगर किस्मत को तो जैसे कुछ और ही मंजूर था, मेरे पति मुझ पर शक करने लगे और फैक्ट्री में काम करने वाले लड़को को लेकर रोज एक नया हंगामा होने लगा।

मैनें उन्हें हर तरीके से भरोसा दिलाने की कोशिश की, कि मेरा किसी भी लड़के से कोई सम्बन्ध नहीं है लेकिन शायद, शराब ने उनके शरीर की तरह उनकी सोच को भी खोखला और कमजोर कर दिया था।

कभी फूँका मुझे,
कभी थूका मुझे पे,
वंश के नाम पे कभी,
झोंका भी मुझे,
किस्मत कैसी लिखवा कर आई थी,
हर हाल हर जन्म मिला धोखा मुझे।

एक शाम जब मैं शाम को फैक्ट्री से काम करके घर जा रही थी, तो रास्ते में मेरे पति ने मुझे रोका और मुझ पर तेजाब फेंक दिया, मैं चीखी चिल्लाई और वहीं गिर गई, मेरे साथ काम करने वाली लड़की ने पुलिस को फोन किया, मेरा चेहरा इतना बिगड़ गया था कि मेरी छोटी बहनें और सहेलियाँ मुझे देखकर बेहोश हो गयीं, पुलिस मुझे उठाकर अस्पताल ले गई, लेकिन कुछ घण्टे बाद ही मुझे सिविल अस्तपाल भेज दिया गया, वहां

15–20 दिन तक मेरा इलाज हुआ फिर डॉक्टर ने कहा कि इसका इलाज हम यहां नही कर सकते इस मेडिकल कॉलेज में भर्ती कराओ और आपरेशन करवाओ।

खबर नही होती किसी को,
जब दिल टूटता है,
कैसे रिस–रिस ये दिल जलता है,
कभी रोता कभी हंसता है,
दुनिया वालों के सामने मुखौटा पहनता है,
हर हाल में ये फिर भी जीता है,
मरता है रोज़,
मर मर कर जीता है,
खबर नहीं होती जब,
दिल टूटता है।

फिर शुरू हुआ घर के गहने बिकने, और मेरे आपरेशन का सिलसिला, 5 साल में मेरे 11 आपरेशन हुए, और मेरी मां के गहने, बाप की जमीन, सब कुछ मेरे इलाज की बलि चढ़ गया और आज, ना बिकने को कुछ बचा है और ना ही इलाज हो रहा है। मैं और मेरी छोटी बहन नौकरी करके अपने परिवार को पालने की आधी अधूरी कोशिश कर रहे हैं।

मेरी छोटी बहनें शादी करना नहीं चाहती क्योंकि वो डरती हैं कि कहीं उनके साथ भी वहीं सब ना हो जो मेरे साथ हुआ और मैं सिर्फ उनको उनके अच्छे भविष्य का सपना ही दिखा सकती हूँ, भरोसा नहीं दे सकती।

मन तो करता है कि अगर वो हैवान (मेरे पति) कभी मेरे सामने आ जाए तो मैं उनके चेहरे पर भी तेजाब डाल दूंगी, ताकि उसे भी उस जलन और दर्द का एहसास हो, जिसे मैनें भोंगा है,

और कैसे उसके मन का बेबुनियाद शक मेरे जीवन के लिए अभिशाप बन गया।

हर वक्त मैं ही नहीं तड़पूंगी,
तेरा वक्त भी आएगा,
जितना नचाया तूने मुझे,
इक दिन वक्त तुझे भी नचायेगा।

जीवन चलने का नाम

- गीता आगरा

गीता..... ओ गीता, ये आवाज मेरी सास की थी जो मुझे पुकार रही थी, वो मेरे लिये बाजार से समोसे लाई थी, मेरे सास–ससुर मुझे बहुत प्यार करते थे, और मेरा बहुत ध्यान रखते थे, शायद इसलिए क्योंकि उनका बेटा (मेरे पति) किसी काम के नहीं थे, ना कमाना, ना कुछ करना और ऊपर से दुनिया भर के ऐब, गुटखा, शराब, जुआ, आवारागर्दी बस यहीं काम थे उनके, और मैं हमेशा अपने सास ससुर से कहती कि आपने इनकी शादी ही क्यों की, क्यों मेरी जिन्दगी बरबाद की, शायद अपनी उसी गलती का पश्चाताप, मेरे सास–ससुर मेरा ख्याल रखकर, करने की कोशिश करते थे, मेरी दो बेटियाँ थीं, बेटा हुआ ही नहीं।

मेरा पति जब पैसे होते तो खूब ऐश करता, और पैसे खत्म होते ही भिखारियों की तरह इधर–उधर से मांगने लगता, ना घर की चिन्ता, ना बच्चों की फिक्र, बस अपनी ही जिन्दगी में मस्त रहता था, मैं कुछ ना कुछ काम करती थी और अपने और अपनी बेटियों के लिए पैसे कमाती, उनकी हर इच्छा पूरी करती खुद भी खुश रहती और बेटियों तथा सास ससुर को भी खुश रखती, जैसे जिन्दगी से समझौता कर लिया था मैनें।

कभी–कभी रोने को जी करता है,
जाने क्या हाथों से फिसलता है,
ऐसा कभी कुछ था ही नही दिल के करीब,
फिर भी ये ज़ार ज़ार रोता है।

बात सन् 1992 की है, मैं अपने मायके आई हुई थी गर्मियों के दिन थे, मैं अपनी दोनों बेटियों के साथ आंगन में लेटी हुई थी, मेरे पति भी वहीं थे, शराब के नशे में मुझसे पैसे मांगने लगे और गाली गलौच करने लगे, मैंने उन्हे पैसे देने से मना कर दिया, तो गुस्से में बोला कि मैं तेरे ऊपर तेजाब डाल दूंगा और

तुझे कहीं का नहीं छोडूंगा, मैनें सोचा कि सब नशे में बोल रहा है, लेकिन वो ना जाने कब अपने साथ तेजाब ले आया था मुझ पर, और मेरी बेटियों पर तेजाब डाल के भाग गया, घर में तो मानों हाहाकार मच गया, आनन फानन में मेरी मां और भाईयों ने पुलिस को बुलाया और पुलिस ही हमें अस्पताल ले आई, मुझे तो समझ हीं नही आ रहा था कि अपनी जलन के लिए रोऊँ या अपनी बेटियों की हालत पर, महीनों के इलाज के बाद हम घर आ गये मेरी बेटियों को ऑखों से कम दिखने लगा, धूप में निकलती तो आँखों में दर्द होता, लोग हमसे अछूतो जैसा व्यवहार करने लगे, कोई पास नहीं आता, बात नही करता, पति जेल में थे और मैं अपनी मां के घर, एक बार कुएं में कूद कर जान देने की कोशिश भी की, लेकिन मेरी मां ने मुझे बचा लिया और मेरी बेटियों की कराम दी, मैनें भी जब अपनी बच्चियों की तरफ देखा तो लगा कि मुझे अपने लिये नहीं अब इनके लिये जीना है।

जब मैं झुलस रही थी,
कहीं और भी चिंगारी भड़क रही थी,
मेरी चीख मेरी भीख,
क्यों ना उस तक पहुँच रही थी,
मुझ अबला की जिन्दगी भी क्या,
बेहद सस्ती थी,
जिसने बनाया जिसने पैदा किया उनकी नीयत तो खरी थी,
फिर क्यों ज़माने के कटघरे में,
सिर्फ मैं, सिर्फ मैं ही खड़ी थी।

मेरा पति जेल से ही केस वापिस लेने का दबाव बनाने लगा, और डराने धमकाने लगा कि तेरी मां और भाईयों को भी मार डालूंगा, हमारे समाज में औरत का साथ कोई नहीं देता, हार कर मुझे अपना केस वापिस लेना पड़ा।

मैनें और मेरे परिवार ने अपना सब कुछ बेचकर अपनी बेटियों का इलाज कराया, अब वो काफी बेहतर हैं, पति का अब भी वहीं हाल है, जब शराब पी के ज्यादा हंगामा करता है तो मुहल्ले वाले अंदर करा देते है। पुलिस वाले भी दो दिन रख के छोड़ देते है। घर आता है वो दो रोटी खाता है कभी कभार 5–10 रूपये भी दे देती हूँ उसको बीड़ी सिगरेट के लिए, कोई रिश्ता तो नहीं है उसके और मेरे बीच फिर भी कुछ है, जो चल रहा है।

आज उस हादसे को 24 साल हो गये हैं, एक बेटी की शादी भी हो चुकी है और उसका एक बच्चा भी है, मैं आज भी गुस्से में अपने पति से यही कहती हूँ कि तुझे अगर कोई भी नाराजगी थी, तो मुझ पर तेजाब डाल देता, या मेरा गला दबाकर मार देता, मगर तूने अपनी ही बेटियों का जीवन तेजाब से क्यों जला दिया।

पहले जली रूह मेरी,
फिर जिस्म को खबर हुई,
जलते माँस को लोथड़ा बनते,
जिन्दगी सिमट गयी,
टीस–टीस, चीस–चीस
मैं जलती रही,
सुलगता रहा जिस्म,
बदबू सी भर गयी,
अपनी आँखों से अपनी,
मौत देखती रही,
पहले जला जिस्म मेरा,
फिर रूह जलती ही रही।

मैनें कभी भी अपने जले हुए चेहरे को किसी से नहीं छुपाया और ना ही अपनी बेटियों को छुपाने दिया, उस हादसे के बाद भी हिम्मत बनाए रखी, और अपनी बेटियों को भी हिम्मत दी, और मैं उन सभी लड़कियों से, जो इसका शिकार हुई हैं, ये कहना चाहती हूँ कि हिम्मत रखों, और अपने चेहरे को छुपाओं मत, तुम क्यों किसी से शर्म करो, शर्म तो उन्हे करनी चाहिए जो ऐसा घिनौना काम करते है।

हारो मत, घबराओं मत, डरो मत, हिम्मत से इस सच का सामना करो और अपने जीवन में आगे बढ़ो क्योंकि ''जीवन चलने का नाम है''

एक दिन मेरा भी होना चाहिए था,
कुछ लम्हा कुछ पल,
मुझे भी संजोना चाहिए था।

बेटा या बेटी एक सोच

- रेशमा कानपुर

माँ दुनिया का सबसे आदरणीय शब्द है, कहते हैं कि माँ का दर्जा भगवान के बराबर का होता है, क्योंकि वो अपनी जान को खतरे में डालकर एक नये जीव को इस संसार में लाती है, और माँ की कोख से ही एक नया जीवन उत्पन्न होता है।

मैनें तो ये फर्ज एक नहीं, दो नहीं, 6 बार निभाया। मैं रेशमा चार बच्चों में सबसे बड़ी, 16 साल की उम्र में मेरी शादी लखनऊ में कर दी गई, मेरे पति अपने माँ–बाप के इकलौते बेटे थे, उनकी तीन बहनें थीं, सब अपने पति का घर छोड़कर यहीं रहती थीं, शादी के बाद से ही मेरे सास ससुर और पति मुझपर बच्चे के लिए दबाव डालने लगे, उन्हें बेटा चाहिए था, जो उनका वंश बढ़ा सके, लेकिन बेटी या बेटा, ये मेरे हाथ में कहां था, जब मैं पहली बार गर्भवती हुई तो सबने मेरा बहुत ध्यान रखा और बहुत प्यार किया, इस आस में कि मैं उन्हे बेटा देने वाली हूँ।

लेकिन जब मैनें एक बेटी को जन्म दिया तो सबका व्यवहार एक दम बदल गया, जैसे मैनें जानबूझ कर बेटी पैदा की हो, मुझे मारना पीटना, बात–बात में कोसना, खाना न देना, ये तो जैसे उनका हक बन गया, लेकिन फिर भी बेटे की आस खत्म नहीं हुई, और इसी कारण, एक के बाद एक मेरी 5 बेटियां हो गई, और हर बेटी जन्म के साथ मेरी जिन्दगी और मुश्किल होती गयी। पति मुझसे नौकरानी की तरह बर्ताव करते, मैं उनके लिये काम करने वाली बाई, और संतुष्ट करने वाले शरीर से अधिक कुछ भी नही थी, जब दिल किया मुझे मारा पीटा और जब दिल किया मुझसे अपने शरीर की भूख मिटाई, घर खर्च के पैसे भी नहीं देते थे।

कोख में रखे मानुष को,
मेरी कदर नहीं,
तो कद्र किस को हो मेरी,

नौ महीने की कर्जदारी उसको नहीं,
तो कद्र किस को हो मेरी,
मेरी कोख ने सींचा उसको,
हर पल हर घड़ी,
कद्र उसको नही मेरी,
तो कद्र किसको हो मेरी,
रातों को गीली रही मैं,
भूखी प्यासी भी रही मैं,
उसकी जिन्दगी के लिए,
दुआ हर मेरी, फिर भी
कद्र उसको नहीं तो किसको हो मेरी,
कैसी ये फितरत ओ मानुष तेरी,
तुझे जिन्दगी देने वाली,
हर घड़ी मौत के कटघरे में खड़ी।

मैं सिलाई जानती थी, तो मैनें सिलाई करके अपनी बेटियों का पालना शुरू किया, मैं चाहती थी कि वो पढ़ें लिखें, ताकि उनकी जिन्दगी मेरी तरह न बने और मेरा सपना था कि मेरी बेटिया किसी भी तरह बेटों से कम ना रहें।

मैं जब छठी बार गर्भवती हुई तो बहुत कमजोर थी, थोड़ा सा काम करके थक जाया करती थी, मेरे पति चाहते थे कि मै लिंग परीक्षण कराऊँ और अगर लड़की हो तो गर्भपात करा लूँ। मेरे लिए गर्भ को रखना और गिराना दोनों ही कठिन था, क्योंकि मैं बहुत कमजोर थी और रमजान का वक्त था तो सिलाई का काम भी था मेरे पास, मैं चाहती थी कि कुछ पैसे कमा लूं ताकि अपनी बेटियों को नये कपड़े दिला सकूं, मैं 10 हफ्ते के गर्भ से थी, एक रात मेरे पति ने फिर लिंग परीक्षण कराने के लिए कहा, मैनें मना किया तो मुझे मारा और गुस्से में बाहर निकल गये, देर रात वापिस लौटे तो मुझे लगा कि गुस्सा उतर गया होगा, मैं

लेटी हुई थी तभी उन्होने अपने हाथ में पकड़ी हुई बोतल का तेजाब मेरी कोख पर उडेल दिया, मैं तो जैसे मर ही गई, मुझे होश न रहा, चार दिन बाद होश आया तो लगा जैसे मेरे शरीर से आग निकल रही हो, नजरे घुमाई तो पाया कि मैं अपने मायके में हूँ, बात हुई तो पता चला कि मैं 4 घटें तक मैं ऐसे ही तडपती रहीं, बीच में होश आया तो बेटी ने नींबू पानी दिया, और मैं फिर बेहोश हो गई।

तकदीर में जलजले हों,
तो कुछ अलग ही मजा है,
जलकर जीने का भी अपना ही नशा है,
खरोंच लगे या कट जाये अंग भी,
बिना अंग के चलने का भी अपना ही जज़्बा हैं,
यूँ तो तकदीर सबकी लिखी होती है,
लेकिन खुद से खुद की तकदीर लिखने का भी,
अपना ही हौसला है।

मेरे पिता ने बताया कि मेरी बेटी ने उन्हे फोन किया और कहा कि मम्मी को कोई फोड़ा निकला है और वो तड़प रही हैं। जब मुझे अस्पताल लेकर गये तो लेडी डॉक्टर ने मुझे हाथ लगाने से भी मना कर दिया, और कहा कि कोई फोड़ा नहीं, बल्कि तेजाब डाला गया है। उसने ही एक और डॉक्टर का पता लिख के दिया, जब हम वहां पहुँचे तो उस डाक्टर ने कहा कि 5 लाख का इंतजाम करो, आपरेशन करने पड़ेगें, मेरी मां घबरा गई और रोने लगी, तब डाक्टर ने हमें सरकारी अस्पताल भेज दिया और कहा कि वहां भी मैं ही इसका इलाज करूंगा, जांच हुई तो उन्हें पता लगा कि मैं गर्भवती हूँ, डॉक्टर ने कहा कि इनके पति को बुलाओं, क्योंकि शरीर में खून बहुत कम है, आपरेशन मे जान का खतरा है। मेरे पिता ने मेरी ससुराल में और सब रिश्तेदारों

को फोन किया, मगर कोई भी नहीं आया, मेरे भाई के दोस्तों ने खून दिया और मेरी जान बच पाई।

जो दर्द मैनें सहा,
वो तूने सहा ही नही कभी,
जो यादे मैनें जी,
वो तूने जी ही नहीं कभी,
जो लम्हे मैनें गुजारे,
वो तूने गुजारे ही नहीं कभी,
जो आँसू मैनें पिए,
वो तून पिए ही नहीं कभी,
जो मुहब्बत मैनें की,
वो तूने की ही नही कभी।

कुछ दिनों के बाद मेरे पिता मेरी ससुराल गये, मेरी सास से बात करने तो वहां मेरे पति और उनके भान्जों ने उन्हें बहुत मारा और डरा धमका कर भगा दिया। अस्पताल में मीडिया (और छांव फाउडेशन) की मदद से मुझे खून मिला, मेरा इलाज हुआ और मेरे केस की FIR भी दर्ज हुई, डॉक्टर मेरा गर्भपात करना चाहते थे लेकिन मेरी हालत ऐसी थी कि ''इधर कुँआं इधर खाई'' गर्भ रखने और गिराने दोनों में ही जान का खतरा था, रोज मेरा अल्ट्रासाउंड होता ताकि बच्चे की धड़कन का पता चल सके, कुछ महीनों तक अस्पताल में रहने के बाद मैं अपनी मां के घर आ गयी, मेरे मां–बाप ने मेरी बहुत सेवा की और थोड़े समय के बाद मैनें एक बेटे को जन्म दिया, सब बहुत घबराये हुये थे कि बच्चा स्वस्थ हो, मैं तो चल फिर नहीं पाती थी, ना ही बच्चे को ले पाती थी, मेरे माता पिता ने ही मेरे बेटे को पाला अब मैं चल फिर सकती हूँ मेरा भाई मुझे लेकर आगरा, छांव फांउडेशन आ गया, तो मैं अपने जैसी और भी लड़कियों से मिली, उन्हें देखकर

मेरी हिम्मत दोगुनी हो गई, उनके साथ रहकर मुझे जीने का नया रास्ता मिला।

कभी कभी कुछ ऐसा चुभ जाता है,
निकल भी जाए फिर भी फांस सा रह जाता है,
इक टीस सा दिन रात तन मन में
बस चुभता ही चला जाता है।
कोशिश करने से हार नहीं होती,
कोशिश ना करने से हार निश्चित् है।

मेरे साथ ये हादसा 2013 में हुआ, 2016 में मेरे केस का फैसला हुआ और मेरे पति को 17 साल की सजा हुई, लेकिन कुछ साल बाद उन्हें जमानत पर छोड़ दिया गया, मैं अपने बेटे के साथ ही रहती हूँ और मेरी बेटियां मेरे ससुराल में, बस मेरा एक ही सपना है कि मैं इस लायक हो जाऊं, कि अपनी बेटियों को भी अपने साथ रख सकूँ और उन्हें एक बेहतर जिन्दगी दे सकूँ।

प्यार या पागलपन

- मधु आगरा

इंसान सब कुछ भूल सकता है, अपना अतीत नहीं, वैसे तो आज इस हादसे को 10 वर्ष बीत चुके हैं लेकिन ऐसा लगता है जैसे कल की ही बात हो, जवानी ने जैसे ही दस्तक दी, तो मेरा रूप और निखर गया, मेरी कॉलेज की सहेलियाँ भी मुझे छेड़तीं, कि तू साथ होती है वो कोई हमारी तरफ देखता ही नहीं, लेकिन मुझे क्या पता था कि मेरी सुंदरता ही मेरी सबसे बड़ी दुश्मन बन जायेगी।

मेरे जिस्म में भी जान है,
मेरा भी कोई ईमान है,
मुझे भी हक़ है जीने का,
फिर क्यों जिन्दगी में मेरी तूफान है,

कॉलेज आते–जाते एक लड़का (विकास) मेरा पीछा किया करता था, एक दो बार रास्ते में रोककर उसने मुझसे बात करने की कोशिश भी की, कहने लगा कि मैं तुमसे बहुत प्यार करता हूँ और शादी करना चाहता हूँ, वो मेरे घर के पास ही रहता था।

जब मैनें ये बात अपनी मां को बताई तो वो उस लड़के के घर शिकायत करने भी गयीं, लेकिन उसके मां बाप ने कोई ध्यान नहीं दिया, क्योंकि वो पैसे वाले थे, और अपने बेटे की जिद के आगे उन्हे कुछ सही नहीं लगता था, वो मेरा पीछा करता, रास्ते में रोककर यही कहता कि मैं तुमसे शादी करना चाहता हूँ, ना तो मुझे वो लड़का पसंद था और ना ही मैं अपने माता पिता की मर्जी के खिलाफ शादी करना चाहती थी, मेरे माता पिता ने मेरी मंगनी अपनी पंसद के एक लड़के से कर दी, मैं भी अपनी आने वाले जिन्दगी के सपनों में खोई रहती।

तू ही नहीं मेहरबान सिर्फ मुझ पर,
मुझ पर तो मेरा खुदा भी है मेहरबान,
तेरी मेहरबानी बड़ी मतलबी सी,
खुदा की मेहरबानी, सिर्फ मेहरबानी है।

एक दिन जब मैं कॉलेज से अकेली घर वापिस आ रही थी, लगभग 1 बजा था, और सड़क पे ज्यादा लोग भी नहीं थे, तभी विकास मेरे सामने आया उसके हाथ में एक कांच की बोतल थी, मुझे लगा जैसे पैप्सी की बोतल है।

उसने मुझसे कोई बात नहीं की बस मेरे ऊपर तेजाब डाल के भाग गया, मैं चीखी चिल्लाई लेकिन कोई मेरी मद्द के लिए आगे नहीं आया, मेरा घर वहां से थोड़ी सी दूर था, होश आया तो मै अस्पताल में थी। मेरी मां उस लड़के के खिलाफ FIR कराना चहती थी लेकिन उसके परिवार ने धमकी दी कि अगर केस किया तो वो मेरे इकलौते भाई को भी मरवा देगें। मेरी मां डर गई क्योंकि मेरे पिताजी का देहान्त पहले ही हो चुका था। बस मैं और मेरा भाई ही उनका सहारा थे।

नाजुक दिल यूँ पत्थर बन गया,
मोम के जैसे पिघला और जम गया,
खाता रहा चोट मोहब्बत की,
ऐसा जला कि जलजला बन गया,
उफ़ तक न की बस बिछता चला गया,
अपने हाथों अपना दिल मसलता चला गया,
यू तेरी यादों से घिरता चला गया,
बेवजह बेपरवाह चलता चला गया,
इक बार कह दे की मोहब्बत नहीं मुझ से,
थम जायेगा ये सैलाब जो तुझ पर,

बरसता चला गया,
मोम के जैसे पिघला और जम गया।

मैं बच्चों को पढ़ाकर अपना खर्चा चलाया करती थी, मेरे इलाज के लिए मेरी मां ने अपना सब कुछ बेच दिया, किसी पड़ोसी या रिश्तेदार ने भी हमारा साथ नहीं दिया। ऐसे में मेरे होने वाले पति ने मेरा, और मेरे परिवार का बहुत साथ दिया, हालांकि वो ज्यादा अमीर नहीं थे लेकिन उन्होंने हमारी बहुत मद्द की और हमेशा यही कहते कि अगर ये हादसा शादी के बाद होता तो क्या मैं तुम्हारा साथ नहीं देता।

मुझे ठीक होने में लगभग डेढ़ साल का वक्त लगा, मेरा चेहरा बिगड़ गया था, लेकिन मेरे पति ने कभी भी मुझे इस बात का एहसास नही होने दिया।

चार साल बाद मेरी शादी हो गई और मैनें अपनी पढ़ाई भी पूरी की, कॉलेज से B.A. किया, शुरू में तो कोई लड़की मुझसे बात नहीं करती थी, लेकिन मैं सिर्फ अपनी पढ़ाई पर ध्यान देती, धीरे–धीरे मेरी सहेलियाँ बनीं जिन्हे मेरे चेहरे से कोई मतलब नहीं था। सब मुझसे अच्छे से बात करती, और घर आती जाती। आज मेरे 3 बच्चे हैं, मेरे पति फर्नीचर बनाने का काम करते है और मेरा बहुत ध्यान रखते हैं। मैं भी उनको पूरा सहयोग देती हूँ, पढ़ लिखकर सोचा कि नौकरी करूं, लेकिन मेरे चेहरे की वजह से किसी ने मुझे नौकरी नहीं दी मैनें मसाले के कारखाने में नौकरी की, वहां मेरे चेहरे और शरीर में इतनी जलन होती कि मेरा रोना निकल जाता, फिर मैं जीवन बीमा की एजेंन्ट बन गई। लेकिन वहां भी किस्मत ने मेरा साथ नहीं दिया, अपना काम करने का सोचा, तो बैंक से कर्ज नही मिला, मगर मैनें हार नहीं मानी और मेरे परिवार ने भी मेरा पूरा साथ दिया, मेरे तीन बच्चे हैं, दो बेटे और एक बेटी, एक बेटा थोड़ा मंदबुद्धि है जिसका मुझे इलाज

कराना है। मेरी सरकार से सिर्फ दो अपील हैं, एक तो ऐसा घिनौना काम करने वालों को फांसी की सजा होनी चाहिए, ताकि आगे से कोई भी ऐसा करने से पहले हजार बार सोचे, और दूसरा जो लड़कियाँ तेजाब के हमले का शिकार होती है, उनको सरकारी नौकरी/मद्द मिले तो वो एक सामान्य और आदर भरा जीवन जी सकें।

सवाल किससे करूँ,
जवाब कौन देगा,
मेरे दर्द का हिसाब कौन देगा,
कौन सियेगा जिस्म मेरा कौन रूह को पिरोयेगा,
कौन फिर से मेरे मुर्दे में जान फूंकेगा,
सवाल किस से करूं,
जवाब कौन देगा,
मेरे चिथड़ों का हिसाब कौन देगा।

शादी या सौदा

- आसमा लखनऊ

शिक्षा एक ऐसा वरदान है, जो इंसान को सशक्त और सभ्य बनाता है, किन्तु साधनों के अभाव और गरीबी की वजह से हमारे समाज में लड़कियों की आशिक्षित ही रहना पड़ता है, यही कहानी है मेरी, दो भाई और एक छोटी बहन, हम दोनों की शादी एक ही परिवार में हुई थी।

बन कर पुतला ही आयी थी,
कमियों का बस हाथ उसका पकड़ लिया,
सारी अकड़ सारी कमियों को,
मानों उसने जकड़ लिया,
नाम उसका लेती रही,
और सारा जहां समझ लिया।

और परिवार भी क्या!!! शादी के बाद पता चला कि बदमाश, गुंडे, पुलिस ये सब होता क्या है। मेरे ससुराल परिवार के लिए ये सब साधारण बाते थीं। थाने आना जाना तो रोज का काम था, और हर बार किसी ना किसी बात के लिए पैसों की मांग होती, कभी 10,000 कभी 20,000, कभी मुझसे, कभी मेरी बहन से, और ना चाहते हुए भी मेरे भाईयों को, उनकी मांगों को पूरा करना पड़ता, क्योंकि दोनों बहनो की खुशी और जीवन का सवाल था, आफत तो तब हुई जब मेरे ससुराल वालों ने 5 लाख की मांग कर डाली।

देखा जब तक ये दिल टूटेगा नहीं,
ये रिश्ता छूटेगा नहीं,
रोज़ नई उम्मीद से उठेगा,
रोज़ बिखर जाएगा,
बस इक बार, सिर्फ इक बार,
इल्तजा है तुमसे,
तोड़ दो, तोड़ दो,

इस दिल को, इस रिश्ते को अब,
खत्म हो ही जाने दो,
ये जो रिस–रिस बचा है इसमें,
उसको भी अब, बह जाने दो

मेरे और बहन के मना करने पर मारपीट और क्लेश होने लगा, मुझे लगा कि एक दो दिन में बात खत्म हो जायेगी, लेकिन अगले दिन मेरे जेठ ने फिर घर में हंगामा किया, और इससे पहले मै कुछ बोलती या समझ पाती, उन्होने पूरी बोतल तेजाब मुझपर उड़ेल दिया, मैं उस वक्त 7 माह के गर्भ से थी, मेरा शरीर काला पड़ गया, खाल पिघल कर गिरने लगी, सारा घर मेरी चीखों से गूजने लगा, मेरी बहन ने आनन–फानन में मेरे ऊपर दूध से भरी बाल्टी उडेल दी, तो मेरे जेठ और पति ने उसे भी मारा और हम दोनों को एक कमरें में बांध दिया, तीन बाद तक मैं उसी हालत में पड़ी रही।

जली तो तब भी थी मैं,
जब कोख में पली थी,
इक सुई की नोक से,
जब मेरी सख्सियत नपी थी,
खत्म करने को हर वजूद मेरा,
उस कोख में सड़ी थी मैं,
कभी चाकू कभी छुरी,
तो कभी समाज से डरी थी मैं,
औरत औरत की दुश्मनी से भी कभी नहीं नपी थी मैं,
जली तो तब भी थी मैं,
जब कोख में पली थी।

चौथे दिन किसी तरह से मेरी बहन ने मेरे भाईयों तक ये खबर पहुँचाई, जब मेरे भाई मेरी ससुराल पहुँचे तो उन्हें हमसे

मिलने ही नही दिया और उन्हें भी बहुत मारा, वो बेचारे तो मर ही जाते, लेकिन किसी भले मानुष ने पुलिस को खबर कर दी, पुलिस के आने पर मेरे भाईयों की जान बची और हमें आजादी मिली।

3 दिन में मेरी हालत बद से बदतर हो चुकी थी, मुझे अस्पताल ले जाया गया जहां डाक्टरों ने मुझे हाथ लगाने से भी मना कर दिया और जिला अस्पताल भेज दिया। वहां पर भी डाक्टरों ने कहा कि मेरे बचने की कोई उम्मीद नहीं है लेकिन उनका इलाज और मेरे भाईयों की मेहनत रंग लाई और मेरी जान बन गई, पर मेरे गर्भ में पल रहे बच्चे को भी उस तेजाब की जलन झेलनी पड़ी, लगभग 1 साल बाद मैं चलने फिरने लायक हुई। आज भी जब मैं सोचती हूँ कि मैं किसे दोष दूँ? तो मुझे उसका जवाब नहीं मिलता।

अपने मां बाप और गरीबी को, जिसकी वजह से मैं अनपढ़ और लाचार रही, और अपने ऊपर हो रहे अत्याचार के खिलाफ लड़ नहीं सकी।

अपने ससुराल वालों को, जिन्होने हमें सिर्फ शारीरिक सुख देने और मायके से पैसा बटोरने वाली वस्तु समझा? या समाज को, जिसमें आज भी स्त्री को पुरूष से छोटा और हीन माना जाता है, और ये समझा जाता है कि शिक्षा का पहला अधिकार लड़कों को है, लड़कियों को नहीं।

क्या आपके पास है इसका जवाब?

गल गयी तेरी यादें,
नमक के पानी से,
वादों को क्या है,

वो तो टूट ही जाते हैं,
इरादे रखो मजबूत तो,
चलती है सांसे भी,
जिन्दगी की डोर का क्या है,
वो भी टूट जाती है,
गल गयी यादें तेरी,
नमक के पानी से,
वादों का क्या है,
वो तो टूट ही जाते है,
लौ दिलों में चाहतों की रखो,
इरादों का क्या है,
वो टूट जाते है,
गल जाती है यादें,
नमक के पानी से
ख्वाहिशों को संभालो के,
बिखर जाती है,
हर उड़ान कहां आसमान तक जाती है,
यादे नमक के पानी से कैसे सिमट जाती हैं।